리러브
(*Re-Love*)

리러브
(Re-Love)

여의도
책방

안녕하세요. 타로호랑입니다.
사랑은 언제나 마음처럼 흘러가지 않습니다.
특히 재회를 바라는 마음, 연락을 기다리는 시간,
아직 확실하지 않은 감정 속에서
우리는 수많은 질문과 감정의 파도를 마주하게 되죠.
이 책은 그런 사랑의 고민 속에서
조금이나마 마음이 가벼워지기를 바라며 만들었습니다.
당신의 진심이 닿기를 바라는, 그 사람과의 이야기
이 책이 자신의 감정을 더 깊이 들여다보고
관계의 방향을 스스로 찾아갈 수 있도록 돕는
따뜻한 안내서가 되기를 바랍니다.

이 책 사용법

조용한 공간에서 호흡을 가다듬고,
지금 가장 궁금한 질문 하나를 떠올려 보세요.
질문이 마음속에 자리 잡았다면,
직관이 이끄는 대로 책의 한 페이지를 펼쳐주세요.
펼쳐진 페이지에서 마주한 문장은
지금 당신에게 필요한 타로카드의 메시지입니다.
문장이 건네는 의미를 마음속으로 천천히 되새겨 보세요.

혼자서 모든 감정을 다 끌어안고 있는 것 같아요.
여전히 놓지 못한 마음이 느껴져요.

한 번 내린 결정은
쉽게 번복하지 않아요.
관계를 되돌릴 여지는
없어 보여요.

먼저
다가가는 건
자존심이
허락하지 않네요.
두 사람 사이의
거리를 좁히기
쉽지 않아요.

Yes

기다리는 마음만으론 상황이
달라지지 않아요.
마음이 닿길 원한다면 먼저 솔직하게 표현해 보세요.

눈앞의 현실적인 문제들이 더 크게
다가오는 시기예요.
감정을 돌아볼 여유조차 없네요.

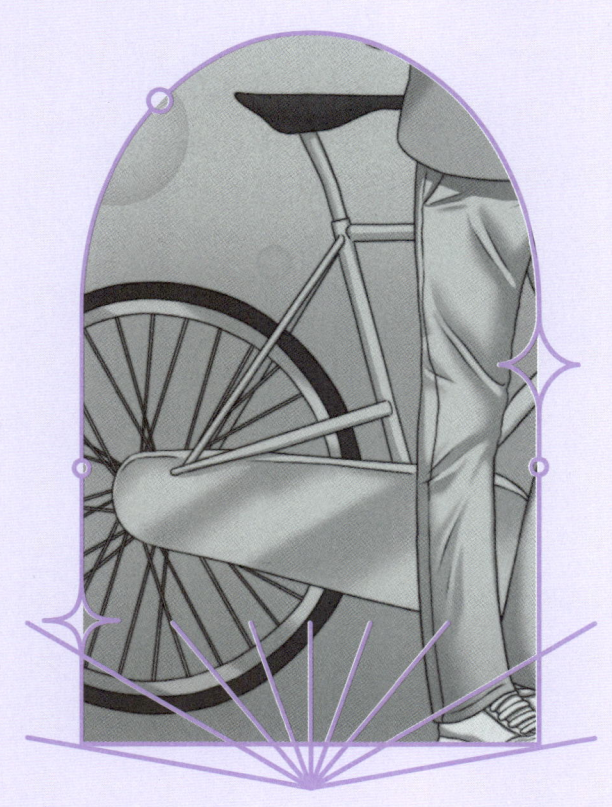

연애에 큰 관심을 두고 있지 않아요.
지금은 무엇보다 현실적인 안정이 우선이에요.

이 관계를 진지하게 바라보고 있어요.
실수를 반복하지 않기 위해 신중하게 행동하려고 해요.

Go

나쁜 기억이
되고 싶지 않아서
애매한 여지를
남기네요.

너무 오래 기다리지 말아요.
이미 다른 사람이 생겼을지 몰라요.

마음 깊은 곳에
아직 당신을 향한 감정이
남아 있어요.
말로 전하지 못할 뿐이에요.

여전히 감정이 남아 있지만,
상처도 그만큼 깊어요.
쉽게 마음을 열지 못하는 건
자신을 지키기 위한 방어예요.

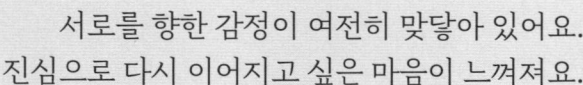

서로를 향한 감정이 여전히 맞닿아 있어요.
진심으로 다시 이어지고 싶은 마음이 느껴져요.

돌아올 마음이 있었다면,
이토록 오래 침묵하진 않았을 거예요.
더는 기다리지 말아요.

당신을 향한 마음은, 오직 직진뿐이에요.
마음이 한 번 정해지면 주저하지 않아요.

감정의
소용돌이에서
벗어날 시간이에요.
서두르지 않는다면,
두 사람의 마음이 다시
이어질 거예요.

운명이 두 사람을 끌어당기고 있어요.
이 인연은 쉽게 끊어지지 않아요.

긍정적인 변화가 기다리고 있어요.
자신감을 되찾은 만큼,
당신에게 한 걸음 더 다가오려 할 거예요.

감정을 꾹
눌러 담은 채,
마음의 문을 닫고 있어요.
지금은 어떤 선택도
하려 하지 않아요.

끝이 있기에,
다시 시작할 수 있어요.
당신을 위한 새로운 이야기가
곧 펼쳐질 거예요.

다시 편하게 마주할 수 있는 날이 곧 올 거예요.
그러니 마음을 너무 무겁게 갖지 마세요.

감정의 파도에 휘둘리지 않아요.
그건 더 이상,
이 관계에 마음을 쏟고 있지 않다는 뜻이에요.

당신 생각이 문득문득 떠오른다고 해요.
논리나 계산 없이,
감정에 이끌려 충동적인 연락을 해올 수 있어요.

내가 갖기는 싫고
남 주기는 아까운 마음.
질질 끄는 관계에서 벗어나 보세요.

여지를 남기지 않는 사람이네요.
정리한 감정엔 미련도, 후회도 없어 보여요.

이 관계에 대해 신중하게 생각 중이에요.
바로 행동하진 않지만
쉽게 포기할 생각도 없어요.

생각만으로 끝내지 않으려 해요.
곧 용기를 내서 마음을 전달하려 할 거예요.

지금 붙잡고 있는 사람보다
나를 더 편안하게 해줄
새로운 인연이 다가오고 있어요.

당신을 잊은 건 아니에요.
혹시라도 마음이 외면당할까
자꾸만 주저하게 되는 마음이에요.

혼자서도 잘 지내는 당신의 모습이
그 사람을 궁금하게 만들어요.
닿기 어려운 거리감이, 오히려 더 끌리게 해요.

연락할 타이밍을
조심스럽게 엿보고 있어요.
진심을 담아 다가가고 싶은
마음이 느껴져요.

더는 혼자 애쓰고 싶지 않은
마음이에요.
상처받지 않기 위해,
마음의 벽을 세우고 있어요.

매일 밤 후회와 자책으로 잠 못 이루고 있어요.
다가갈 용기도 방향도 잃은 상태예요.

잠들어 있던 감정이 다시 깨어나요.
멈춰 있던 두 사람의 시간이,
다시 흐르기 시작할 거예요.

진짜 인연은 애써 붙잡지 않아도
이어지는 법이에요.
흘러가는 대로, 나답게 살아가 보세요.

마음이 확실해진 지금,
그 사람은 주저 없이 당신에게 다가올 거예요.

무엇 하나 확신하지 못한 채
계속 흔들리기만 해요.
다가올 듯 맴돌면서도, 끝내 다가오지 않아요.

단 하루도,
당신을 생각하지 않는 순간이 없었어요.
그리움이 어느새 일상이 되어가네요.

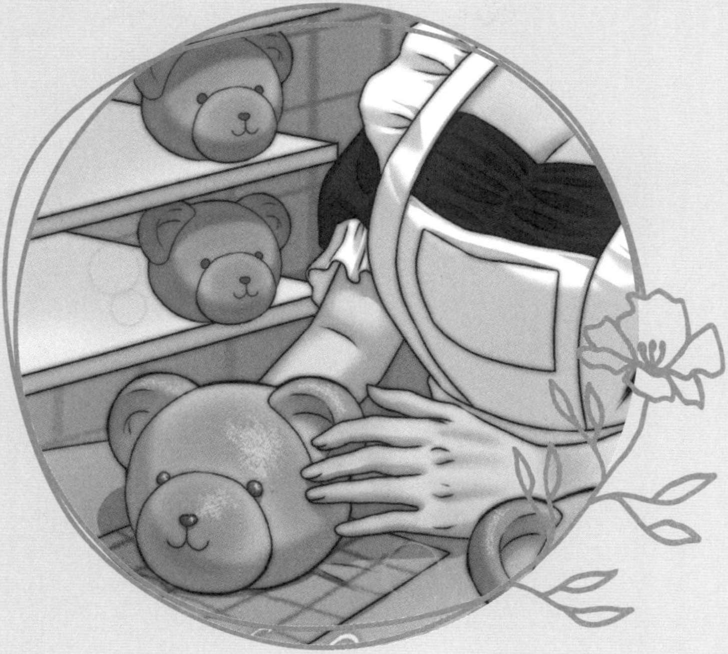

좋아하는 마음만으론
충분하지 않다는 걸 깨달았어요.
당신에게 어울리는 사람이 되기 위해
현실적인 노력을 다하는 중이에요.

감정의 불씨가 다시 타오르고 있어요.
머지않아, 설레는 소식이 찾아올 거예요.

타이밍이 좋지 않아요.
서로를 이해하기엔
아직 시간이 더 필요해 보여요.

그 사람의 행동 하나하나엔,
말로는 다하지 못한 다정한 마음이 스며 있어요.
진심을 숨길 수 없어요.

놓아야 할 걸 알면서도, 쉽게 끝어낼 수가 없어요.
결국엔 다시 마주하게 될 거예요.

기다림이 헛되지 않을 거예요.
변치않는 그 마음이
두 사람을 다시 이어줄 테니까요.

마음속에 후회와 미련이 가득해요.
아무것도 하지 못한 채,
그 자리에 멈춰 서 있네요.

떠나는 인연 붙잡지 않고,
다가오는 인연 막지 않아요.
그 사람은 언제나
여유롭기만 해요.

마음이 예전 같지 않아요.
그 사람은 이 관계에 더 이상 큰 의미를 두지 않아요.

그 사람도 당신이
궁금한가 봐요.
작은 계기만 생겨도,
가볍게 안부를
전해 올 수 있어요.

현실적인 여건이 따라주지 않아요.
그저 멀리서 바라보는 것밖에 할 수 없어요.

조금의 기대조차 허락하지 않는 태도에
마음이 점점 지쳐가요.
기다림이 아닌, 놓아줌이 필요한 때예요.

쉽게 흔들리지 않는 마음이에요.
표현은 부족하지만,
책임감 있게 다가오려 해요.

아물지 못한 상처는
결국 덧나기 마련이에요.
그 사람보다 먼저,
당신의 마음부터 돌봐주세요.

그 사람 마음은 솔직하고 단순해요.
눈에 보이는 그대로 받아들이면
마음이 편해질 거예요.

마음을 표현할 준비가
되어 있어요.
곧 행동으로 진심을 보여주려
할 거예요.

더는 머뭇거릴 여유가 없어요.
지금 이 순간이,
마음을 전하기에 가장 좋은 타이밍이에요.

애매한 말과 불분명한 태도.
그 사람의 행동엔 진심이 전혀 느껴지지 않아요.

마음의 결심이 선 듯해요.
조만간 돌직구로
솔직한 감정을 전해 올 거예요.

서로가 서로에게 상처만 남겼던 시간들이었죠.
이 관계는 건강하지 않아요.
더는 붙잡지 말아요.

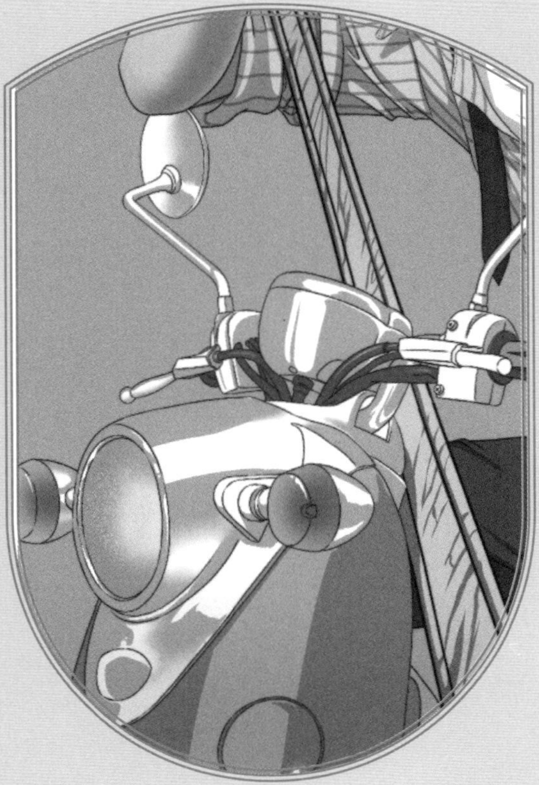

기다림이 길진 않을 거예요.
마음속에 담아둔 감정이 곧 행동으로
드러날 테니까요.

당신과 함께하는
행복한 미래를
상상하고 있어요.
서로의 마음이 같은
곳을 향하길 바라요.

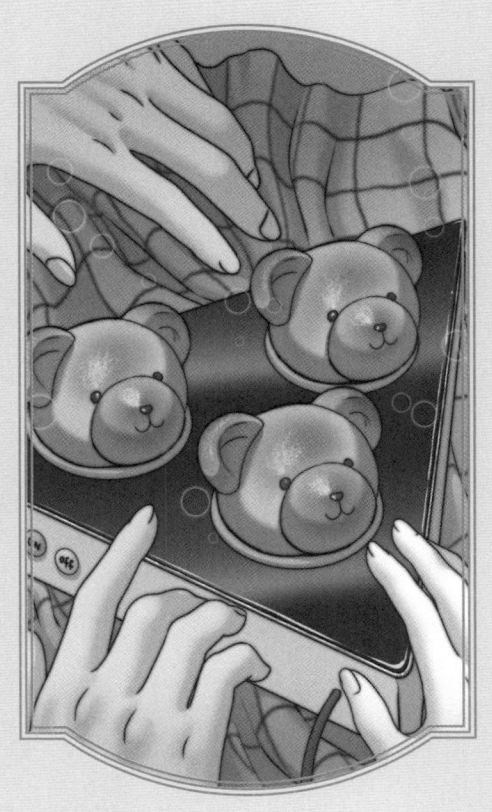

그 사람은 선을 넘지 않아요.
호의와 매너를 애정으로 착각하진 말아요.

감정의 시작점에 서 있어요.
새로운 설렘이 곧 당신을 찾아올 거예요.

마음이 갈피를 잡지 못하고 있어요.
지금은 그저 멀리서 바라보기만 할 뿐이에요.

삶의 결이 잘 맞는 사람이라고 느껴요.
스쳐가는 인연이 아니길,
마음 깊이 바라고 있어요.

툭 건넨 가벼운 인사 한마디가
두 사람을 다시 이어줄 계기가 될 수 있어요.
용기를 내보세요.

경계심이 마음 깊숙이
자리하고 있어요.
진심이 닿기엔 그 마음의 벽이
꽤 높아 보여요.

다가가고 싶은 마음과
머뭇거림 사이에서
결정을 내리지 못하고 있어요.
그저 바라보는 것밖에 하지
못해요.

표현이 서툴러도
마음만은 진심이에요.
그 사람만의 방식으로
감정을 전하려
애쓰고 있어요.

끝에 다다른 지금,
미련 없이 관계의 마침표를 찍도록 해요.

예고 없이,
어느 날 불현듯 연락이
닿을지도 몰라요.
변화는 늘 예상치 못한
타이밍에 찾아오니까요.

이미 마음속 결정은 끝났어요.
망설임 없이, 앞만 보고 당신을 향해
다가올 거예요.

삶이 너무 바빠 감정까지 챙길 여유가 없어요.
그 사람에게 연애는 그저 사치일 뿐이에요.

그 사람은 이미 마음의 정리가 끝난 듯해요.
이제는 끝을 받아들여야 할 때예요.

한 달 뒤에.

다시 마주해도 어색하지 않을 만큼
익숙함이 남아 있네요.
그 감정이 서로를 다시 이어줄지도 몰라요.

감정을 쉽게 소비하지 않는
사람이에요.
가까워지기엔 여전히
조심스러운 거리감이
느껴져요.

사랑 앞에서 언제나 당당한 사람이에요.
당신을 향한 마음 역시, 숨기지 않을 거예요.

다른 선택지들 사이에서 마음이 흔들리고 있어요.
애매한 태도는 결국 서로를 멀어지게 해요.

익숙한 장소, 익숙한 감정—
문득 떠오른 그리움이 그 사람을 움직이게 해요.

그 사람은 지금,
자신의 감정에만 몰입해 있어요.
당신의 마음까지 살필 여유는 없어 보여요.

계속해서 타이밍만 재고 있네요.
머뭇거리기만 해선
아무 일도 일어나지 않아요.

당신을 향한 마음이 점점 깊어지고 있어요.
곧 그 진심을 고백해 올지도 몰라요.

1년 뒤에.

이번엔 그 사람이
이 관계를
이끌 거예요.
당신은 그 마음을
따라가기만 해도
괜찮아요.

마음이 가는 대로 행동해 보세요.
그 순수한 용기가,
인연의 시작이 될 수 있어요.

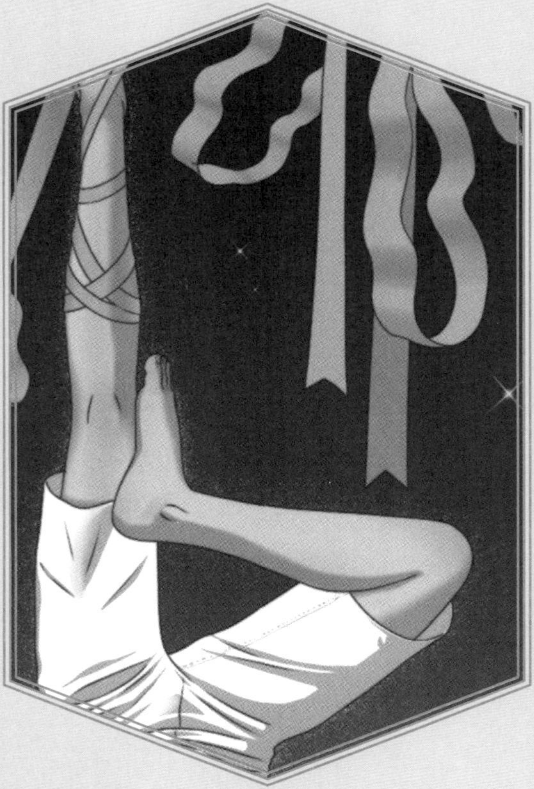

모든 게 멈춰버린 관계예요.
상대는 지금 어떤 변화도 시도하려 하지 않아요.

그 사람의 마음은 마치 얼음장처럼 차가워요.
지금은 어떤 말을 건네도
그 마음에 닿기 어려울 거예요.

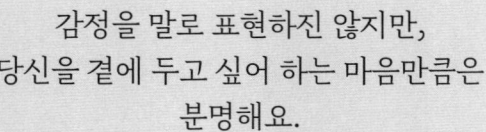

감정을 말로 표현하진 않지만,
당신을 곁에 두고 싶어 하는 마음만큼은
분명해요.

말과 행동이 달라서 사람을
헷갈리게 만들어요.
그 모호함이 결국 마음을 지치게 하네요.

주도권은 언제나 그 사람의 손에 있어요.
그저 그 선택을 기다리는 것 말고는,
할 수 있는 게 없어 보여요.

상처를 딛고 조금씩 앞으로 나아가고 있어요.
서로를 돌아볼 여유가 생긴 지금,
멀어졌던 마음도 다시 닿을 수 있을 거예요.

솔직함이 필요한 순간마다,
자꾸 한 발 물러서네요.
그 사람의 진심을 확인하긴 쉽지 않을 거예요.

서로를 향한 마음이,
이제야 제자리를 찾아가고 있어요.
같은 세계 안에서
마침내 다시 이어질 거예요.

혹시나 했던 기대감이
한순간에 무너져 내리네요.
무너진 감정 위에 더는 미련을 쌓지 말아요.

더는 멀리서 바라보기만 하지 않을 거예요.
곧 당신에게 한 걸음, 확실하게 다가오려 할 테니까요.

간절한 소망이
곧 현실로 이루어질
거예요.
오랜 기다림 끝에,
마침내 응답이
찾아오는 순간이에요.

감정보다 눈앞의 현실을 더 중요하게 여기는 사람이에요.
혹시나 하는 기대는 내려놓는 게 좋겠어요.

갈등은 서로의 차이를
이해해 가는 과정이에요.
마음을 열고,
있는 그대로 바라볼 때
비로소 한 걸음 더
가까워질 수 있어요.

사람에게 받은 상처는,
결국 사람을 통해서 치유돼요.
진심으로 당신을 아껴줄 인연이 찾아올 거예요.

이 관계는 공평하지 않아요.
혼자만 애쓰는 사랑은,
결국 마음에 상처로 남게 될 거예요.

지금 느끼는 감정을 외면하지 마세요.
애써 모른 척해도
당신의 마음은 이미 답을 알고 있어요.

때로는 침묵이 가장 솔직한 대답이에요.
어떤 말도, 어떤 진심도
지금의 상대에겐 닿지 않아요.

처음 만났을 때부터 느낄 수 있었어요.
소울메이트 인연이라는 걸요.
나란히 손을 맞잡고 함께 걸어갈 운명이에요.

기대의 끈을 놓지 않고 있어요.
서툴지만 간절한 마음으로
다시 관계를 꽃피우려 해요.

밤마다
당신 생각에
잠 못 드는 날이
계속돼요.
마음속 불안이
좀처럼
사라지지
않네요.

시간이 흘러도
변하지 않는 감정이
있어요.
서로를 향한
이끌림 속에서,
두 사람은 다시 하나가
될 거예요.

태양처럼 모든 것이
선명해지는 순간이
찾아와요.
오해는 걷히고,
서로를 향한 진심만이
남게 될 거예요.

모든 가능성은 나 자신의 선택에 달려 있어요.
지금 필요한 건 망설임이 아니라
진심을 담은 행동이에요.

행동 하나하나에 너무 큰 의미를
부여하지 마세요.
섣부른 기대는 상처를 남길 수 있어요.

희망을 놓지 말아요.
기다림 끝에,
마음과 마음이 다시 맞닿는 순간이 찾아올 거예요.

채워지지 않는 공허함만이 감돌아요.
억지로 이어가려 할수록
마음만 더 지쳐가게 될 거예요.

곧 기다리던 소식이 들려올 거예요.
기회가 찾아오면 망설이지 말아요.
말보다는 행동으로 진심을 증명해야 할 때예요.

빈자리를 채우려 하지 않아도 괜찮아요.
스스로를 아끼고 사랑하다 보면,
인연은 자연스럽게 찾아올 거예요.

붙잡고 있던 것을 내려놓는 용기를 내보세요.
그 결심이 결국,
더 나은 길로 당신을 이끌어 줄 거예요.

지금 그 사람은 자신의 삶에 집중하고 있어요.
아쉽지만, 당신과의 관계는
우선순위에 포함되어 있지 않아요.

따스한 봄처럼, 설렘의 기운이 감돌고 있어요.
머지않아 그 사람의 메시지가 도착할 거예요.

감정을 마주할 용기가 나지 않아요.
지금은 어느 것도 확신할 수 없어요.

시간이 지나도 잊히지 않는 인연이 있나요?
완전히 끝난 줄 알았던 그 인연이,
곧 다시 이어질 거예요.

감정이 급물살을 타듯 빠르게 흐르기 시작해요.
순식간에 마음을 뒤흔들 소식이 들려올 거예요.

그 사람은 안정된 일상을 소중히 여겨요.
불확실한 감정에 기대기보다는,
지금 가진 것들을 지키고 싶어 해요.

그 사람은 쉽게 포기하지 않아요.
당신에게 닿기 위해 필사적으로 노력하는 중이에요.

감정이 요동치기
시작해요.
당신의 일상에
새로운 설렘을
안겨줄 인연이
곧 찾아올 거예요.

당신의 마음이 궁금하지만,
선을 넘을 용기는 없어요.
그저 조용히 지켜보기만 할 뿐이에요.

다시 시작해도 될지,
이 관계가 그만한 가치가
있는지 계속 고민하는
중이에요.
아직은 쉽게 결론
내릴 수 없어요.

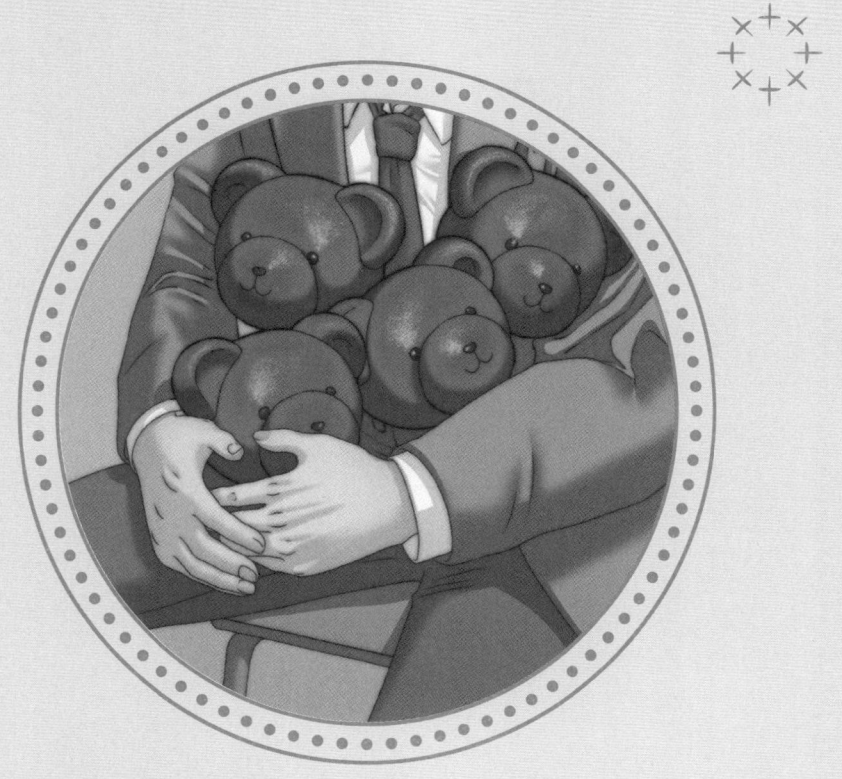

겉으론 무심해 보여도,
마음속에서 당신을 놓지 못하고 있어요.
불안해서 감정을 드러내지 못할 뿐이에요.

시간이 지나도, 마음은 여전히 그대로예요.
언젠가 돌아올 당신을 묵묵히 기다려요.

당신을 잃고 나서야, 그 소중함을 깨달아요.
상실감이 크지만 다시 돌아갈 용기는 없어 보이네요.

조금은 장난스럽게,
그 사람이 먼저 말을
건네올지도 몰라요.
부담 없이 대화를 이어가
보세요.

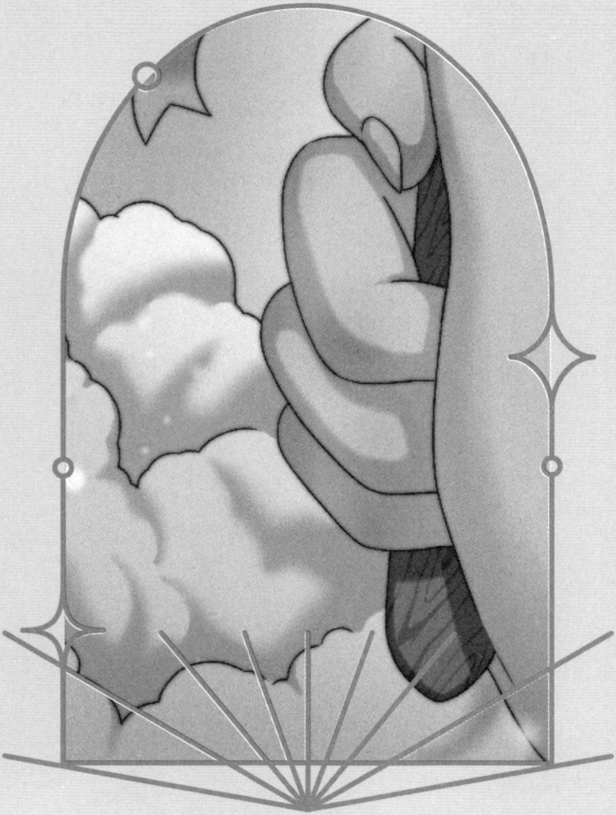

기회가 찾아오면 주저하지 말아요.
용기 있는 사람만이,
원하는 인연을 쟁취할 수 있어요.

조급한 마음은 관계를 망칠 수 있어요.
천천히, 상대의 속도에 맞춰가려는 여유가 필요해요.

당신과 함께
채워가고 싶은
버킷리스트가
많아요.
상상만으로도
마음이 몽글몽글
부풀어 올라요.

가볍지 않은
감정이에요.
인생이라는
긴 시간 속에서,
언제나 당신과
함께하길 바라요.

아무것도 보지 않고, 듣지 않아요.
관계를 다시 되돌리기엔
서로 너무 멀리 와버린 것 같아요.

그 사람과의 인연은 여기까지예요.
이 아픔도 결국 지나가리란 걸 믿어요.
다시 시작할 용기를 내보세요.

원하던 것을 모두 손에 넣은 지금,
그 사람에게 더는 미련이란 감정은
남아 있지 않아요.

당신을 향한 감정에
강한 확신이 생겼어요.
곧 분명한 행동으로
이어질 거예요.

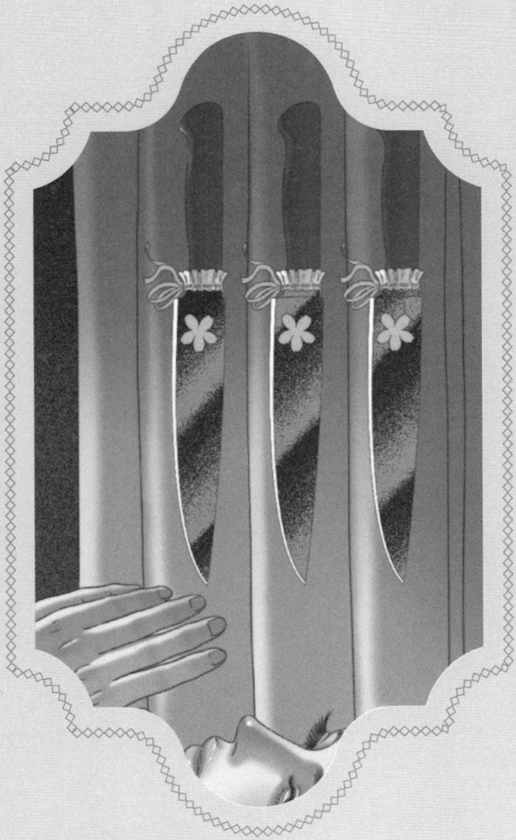

관계에도 숨 고르기가 필요해요.
애써 대화를 이어가기보단 침묵이 필요한 때예요.

당신은 이미,
그 사람의 마음속에 특별한 존재예요.
솔직하고 당당한 매력을 잃지 마세요.

끌리는 마음을
더는 감출 수 없어요.
곧 어떤 식으로든
그 진심을 전해 올
거예요.

당신과 함께라면 평범한 하루도 특별해져요.
일상 속 소소한 행복을,
변함없이 함께 나눌 수 있길 바라요.

멀리 돌아왔지만,
결국 다시 만나게 되는
인연이에요.
운명을 믿어보세요.

생각보다 가까운 곳에서 인연은 시작돼요.
기억 속의 그 사람이 아닌,
전혀 뜻밖의 사람일지도 몰라요.

No

꾸밈없는 솔직함이 그 사람의 마음을 움직이게 해요.
있는 그대로의 당신을 보여주세요.

망설이기만 하다 끝내 서로에게 다가서지 못해요.
마음이 엇갈린 채 평행선을 그리고 있네요.

이건 다시 오지 않을
기회일지도 몰라요.
지금이 바로 행동할
타이밍이에요.

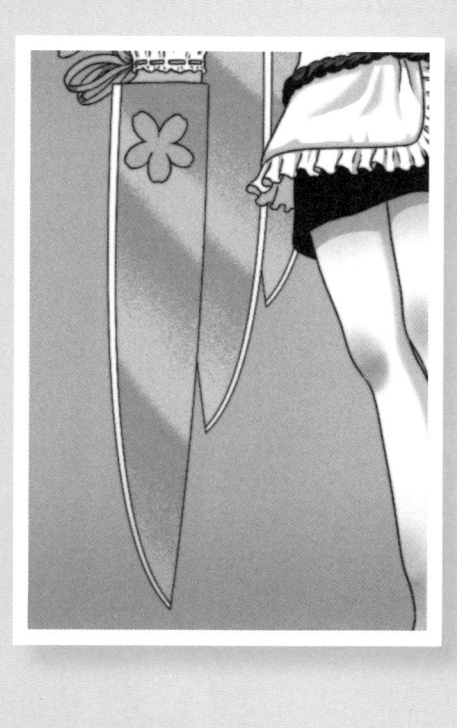

다가서고 싶지만,
두려움이 자꾸만 발목을 붙잡아요.
한 걸음 내딛는 것조차 쉽지 않네요.

말보다는 행동이 빠른 사람이에요.
당신을 향해 전력 질주할 준비가 되어 있어요.

그 사람은 멀리서 그저 바라보기만 해요.
기약 없는 기다림에 마음만 점점 지쳐가네요.

무엇이 그렇게
불안한가요?
이유 없는 불안은 결국
서로를 더 멀어지게
만들어요.

감정에 기대지 말고
이성을 되찾으세요.
이 관계에 기대할 수
있는 건 아무것도
없어요.

함께일 때보다,
혼자인 지금이
더 행복하다고
느껴요.
미련 없이 각자의
길을
걷게 될 거예요.

눈빛은 거짓말을 하지 않죠.
뜨거운 시선을 보내오는 그 사람이,
곧 마음을 표현해 올 거예요.

예전만큼 설레지 않아요.
이젠 어떤 말에도 감정의 동요가 일어나지 않네요.

당신의 존재가
주목받기 시작하는 순간이에요.
망설이지 말고,
마음이 향하는 대로 행동해 보세요.

불확실한 태도와 감정의 회피가 계속되고 있어요.
이 관계는 결국, 상처만 남기게 될 거예요.
더는 감정 소모하지 말아요.

침묵을 깨고, 이제는 확실한 입장을 전하고 싶어해요.
진심을 담은 솔직한 연락이 곧 들려올 거예요.

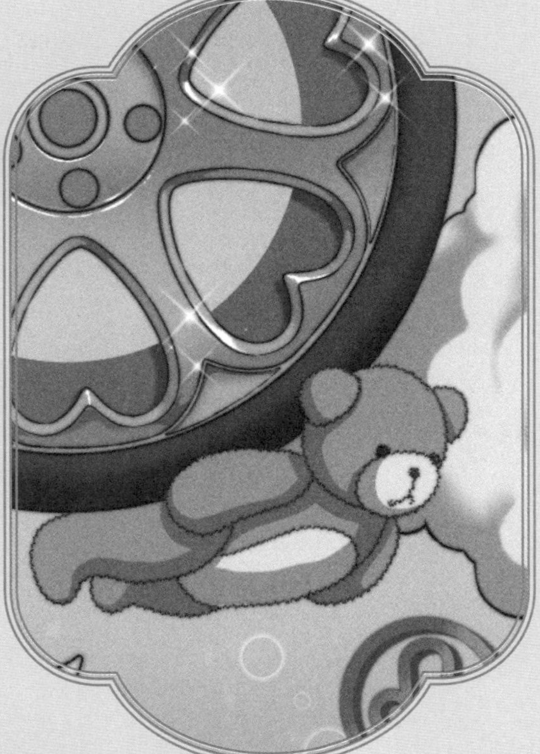

인연이라면 돌고돌아 결국 만나게 될 거예요.
더는 애쓰지 말고,
순리대로 흘러가도록 두세요.

끌리는 감정을 애써 부정하려 해도 소용없어요.
운명처럼,
결국 서로를 끌어당기게 될 거예요.

함께 있어도 마음 한켠엔 늘 외로움이 남아요.
지금 이 관계엔 의무감만 남은 듯해요.

당신을 향한 감정은 언제나 한결같아요.
어쩌면 이 사람,
평생을 함께할 인연일지도 몰라요.

돌아선 사람의 마음을 붙잡을 수 없어요.
이 인연은 여기까지라는 걸, 이제는 받아들여야 해요.

당신은 사랑받기에
충분한 사람이에요.
존재만으로 그 사람의 마음을
자석처럼 끌어당겨요.

가슴 속에 낭만이 가득해요.
사소한 말 한마디, 행동 하나에도
진심이 묻어 있어요.

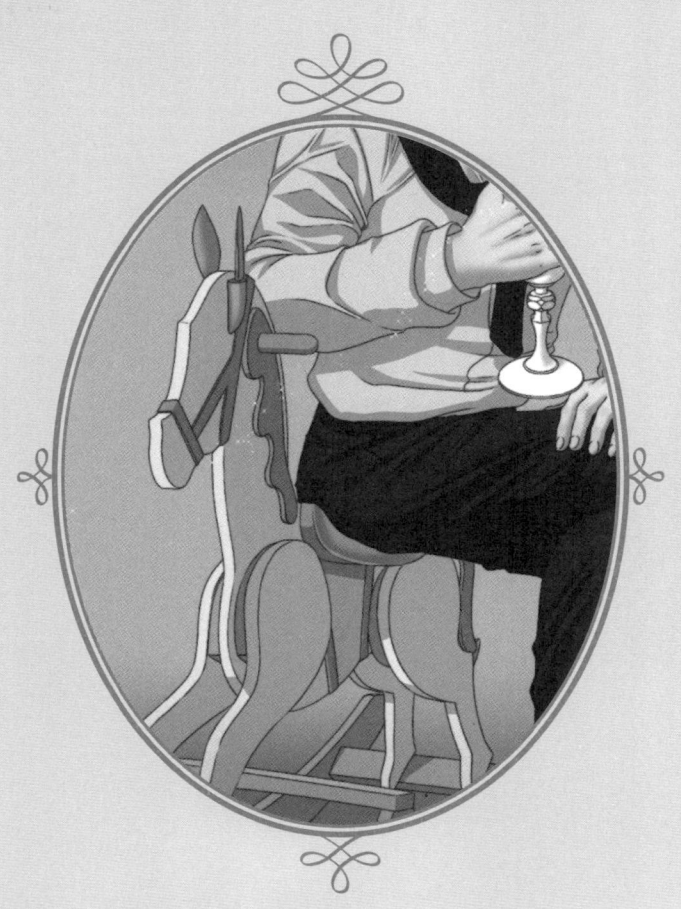

마음보다 계산이 먼저 앞서는 사람이에요.
지금은 어떤 행동도 하지 않을 거예요.

되돌아올 수 없는 강을 건넌 것 같아요.
그 사람은 이미 오래전에 마음을 정리한 듯해요.

지금은 어떤 감정도 드러내지 않으려 해요.
다가오지 말라는 신호를 더 이상 외면하지 마세요.

손해 보고 싶지 않은가 봐요.
시간과 마음, 모든 걸 아낌없이 쏟기에는
아직 관계에 대한 확신이 부족해 보여요.

친구, 그 이상도 이하도 아닌 관계 같아요.
그 사람은 이 관계에 특별한 의미를 두고 있지 않아요.

그 사람의 마음은
이미 움직이기
시작했어요.
당신에게 닿기까지,
오래 걸리지 않을
거예요.

오늘도 당신이 있는 곳을 바라봐요.
언제쯤 솔직해질 수 있을지,
망설임 속에 하루를 보내요.

서로의 다름을 이해하기보다
이기려는 마음이 앞서 있어요.
두 사람의 입장 차이는 쉽게 좁혀지지 않아요.

그 사람은 현재 본인의 일상에 만족하고 있어요.
더 애타는 쪽은 당신일지도 몰라요.
마음의 여유를 가져보세요.

지난 인연에
미련이 남나요?
흘러간 물은
돌아오지 않아요.

Stop

선택에는 늘 책임이 따르죠.
지금 두 사람 사이의 거리감은,
당신의 행동이 만든 결과예요.

쉽게 들뜨지도,
성급하게 행동하지도 않아요.
정성을 다해 천천히
관계를 쌓아가고자 해요.

지금은 누구와도
가까워지고 싶지 않아요.
아무 방해 없이 오롯이 혼자 있고 싶은
마음이에요.

멀어졌던 그 사람에게서,
뜻밖의 연락이 찾아올지도 몰라요.
다시 마주하게 될 날이 머지않았어요.

당신의 소식 하나에도
마음이 흔들리는 사람이에요.
하지만 먼저 손을 내밀 용기는
아직 없어 보여요.

서로를 다시 마주하기엔,
아직 감정의 골이 깊어요.
아물지 않은 마음에 또다시 상처를 남기지 마세요.

먼저 표현하진 않지만,
당신의 말엔 언제든 귀를 기울일 거예요.
진심 어린 대화를 건네보세요.

따뜻한 온기가 감돌기 시작해요.
마음속 불안은 걷히고,
서로의 관계에 믿음이 다시 자리할 거예요.

이 관계의 주도권은 당신에게 있어요.
솔직한 말 한마디가 모든 흐름을 바꿔 놓을 거예요.

끝을 두려워하지 마세요.
비로소 당신을 가두던 것들로부터
자유로워질 거예요.

당신과 함께 있으면 마음이 참 편안해져요.
이 인연을 오래도록 곁에 두고,
소중히 지켜가고 싶어 해요.

II. The High Priestress

아직은 이 관계에 대해 확신이 서지 않아요.
마음을 전하기에도,
다가서기에도 망설여져요.

그 사람의 마음이 어디로 향할지 아무도 몰라요.
확신 없는 관계에 기대지 말고, 자유로워지세요.

관계를 다시 이끌어 가고 싶은 마음이 커지고 있어요.
곧 분명한 태도로 감정을 전해 올 거예요.

자존심이 강한 탓에 마음을 쉽게 내보이지 않아요.
그 사람이 먼저 손을 내밀진 않을 거예요.

결말은 이미
정해져 있어요.
두 사람의 이야기는,
해피엔딩으로
완성될 거예요.

한 번 닫힌 마음의 문은, 쉽게 열리지 않아요.
경계심에 자꾸 밀어내기만 하네요.

시간이 흘러도 잊히지 않는 마음이에요.
다시 닿을 수 있을 거란 믿음 하나로,
오늘도 당신을 기다려요.

숨기려 해도 자꾸만 티가 나요.
그 사람의 시선이 머무는 곳은 언제나 당신이에요.

마음속으로 바라던 흐름이,
곧 현실이 되어 당신 앞에 펼쳐질 거예요.
다가오는 인연을 따뜻하게 맞아주세요.

원망과 그리움이 뒤섞인 감정이에요.
벗어나야 한다는 걸 알면서도
쉽게 놓을 수가 없어요.

다시는 뒤돌아보지
않을 거예요.
그 사람의 시선은
과거가 아닌 미래를
향해 있어요.

서로의 진심이
닿지 않아요.
채워지지 않는 공허함이
자꾸 마음 한켠을
시리게 해요.

하루하루를
버텨내는 것만으로도
벅찬 나날이에요.
마음을 들여다볼
틈조차
없어 보여요.

연락을 할까 말까,
하루에도
몇 번씩 마음이
바뀌어요.
어떤 선택도 쉽게
할 수 없어요.

그 사람은 당신에게
마음의 빚을 느끼고 있어요.
그건 사랑이 아닌,
연민의 감정일지도 몰라요.

그 사람의 태도는 쉽게 바뀌지 않아요.
기대할수록 당신만 지치게 될 거예요.

관계 회복을 위한 일시정지의 순간이에요.
잠시 거리두기를 하고 나면,
서로의 감정이 다시 제자리를 찾아갈 거예요.

곧 두 번째 기회가 주어져요.
그때 하지 못했던 말들을,
이번엔 전달할 수 있을 거예요.

거리를 두는 건, 다시 상처받을까 두려워서예요.
가까워지려 할수록 자꾸 밀어내기만 하네요.

차갑게 선을 긋네요.
그 선택이,
서로를 위한
유일한 답이라고
믿는 듯해요.

그동안 충분히 아파했고, 충분히 견뎌냈잖아요.
이제는 새로운 시작을 향해 나아갈 때예요.

시간이 흘러도, 서로에 대한 믿음이 남아 있어요.
그 믿음 위에서 당신과 다시 가까워지길 바라요.

여러 감정이 뒤섞여 있어
무엇이 진심인지 알 수 없어요.
확신이 서지 않아요.

당신을 떠올릴 때마다 마음이 복잡해져요.
도저히 이 감정을 떨쳐낼 수가 없어요.

새로운 설렘이
피어오르고 있어요.
곧 누군가가
당신의 일상에
스며들 거예요.

시간이 흘러도 변하지 않는 마음이에요.
서로가 서로에게,
마지막 종착지가 되어줄 거예요.

리러브(Re-Love)
재회, 속마음, 연락_연애운이 궁금한 당신에게

초판 1쇄 인쇄 2025년 6월 19일
초판 1쇄 발행 2024년 7월 7일

지은이 타로호랑
발행인 선우지운

편집 이주희
디자인 박선향
일러스트 페가콘
제작 예인미술
출판사 여의도책방

출판등록 2024년 2월 1일(제2024-000018호)
이메일 yidcb.1@gmail.com
ISBN 979-11-992079-3-6 (02180)